Método de violino
Iniciante

Marcelo Cardozo

Nº Cat.: 416-M

Irmãos Vitale Editores Ltda.
vitale.com.br
Rua Raposo Tavares, 85 São Paulo SP
CEP: 04704-110 editora@vitale.com.br Tel.: 11 5081-9499

© Copyright 2012 by Irmãos Vitale Editores Ltda. - São Paulo - Rio de Janeiro - Brasil.
Todos os direitos autorais reservados para todos os países. *All rights reserved.*

Créditos

Revisão Ortográfica
Marcos Roque

Capa/Diagramação
Luiz Guilherme Araujo

Coordenação editorial
Roberto Votta

Produção executiva
Fernando Vitale

CIP-BRASIL. CATALOGAÇÃO NA FONTE
SINDICATO NACIONAL DOS EDITORES DE LIVROS - RJ.

C269m

Cardozo, Marcelo.
   Método de violino iniciante / Marcelo Cardozo. - 1.ed. - São Paulo : Irmãos Vitale, 2012.
   32p.

   ISBN 978-85-7407-361-3

   1. Violino
   2. Violino - Instrução e estudo
   3. Música para violino.
      I. Título.

12-6982.   CDD: 787.2
                                                                                                                  CDU: 780.614.332

25.09.12   25.09.12   039030

Agradeço a Deus, por tudo que tem feito por mim.
Agradeço aos meus pais maravilhosos, Anselmo Cardoso e Maria Ferreira dos Santos Cardoso.
Meus agradecimentos ao núcleo artístico e pedagógico do Instituto Musical Nezo, e à grande professora de musicalização infantil Ana Lúcia P.P. Angelim.

Índice

Introdução **9**

Estudos

1 e 2 .... **17**
3 e 4 .... **18**
5 .... **19**
6 e 7 .... **22**
8 .... **23**
9 e 10 .... **25**
11 .... **29**

Músicas

Frère Jacques **19**
Jingle bells **19**
Ode à Alegria (Ludwig van Beethoven) **20**
Atirei o pau no gato **20**
Marcha, soldado **20**
Ciranda, cirandinha **21**
Can-can (Jacques Offenbach) **21**
Cai, cai, balão **21**
Oh! Suzana **23**
Terezinha de Jesus **24**
O cravo brigou com a rosa **24**
Primavera (Antonio Vivaldi) **24**
O Guarani (A. Carlos Gomes) **25**
Für Elise (Ludwig van Beethoven) **26**
O lago dos cisnes (Tchaikovsky) **26**
Jesus alegria dos homens (J. S. Bach) **27**
Concerto em Sol Maior (Antonio Vivaldi) **27**
Mulher rendeira **28**
Canon em Ré Maior (Johann Pachelbel) **28**
Serenata noturna (W. A. Mozart) **29**
Marcha nupcial (Mendelssohn) **30**

O autor **32**

Introdução

Conceito

Para Freud[1], o valor do ensino não está propriamente em renovar as "receitas pedagógicas", mas na habilidade dos educadores em transformar pulsões, ou seja, transformar sonhos em realidade, como citado no texto do método psicologia do desenvolvimento violino, volume 1, do professor Marcelo Cardozo. Isso depende, pelo menos em parte, de seus recursos pessoais. Importam, e muito, os ideais, os modelos, sendo decisiva a maneira como cada sociedade se organiza e apresenta os meios para garantir o pacto social, a qualidade da convivência e o desenvolvimento individual.

ZDP - Zona de Desenvolvimento Proximal

Para Vygotsky[2], ZDP é a distância entre o nível de desenvolvimento real, ou seja, determinado pela capacidade de resolver problemas independentemente, e o nível de desenvolvimento proximal, demarcado pela capacidade de solucionar problemas com ajuda de um parceiro mais experiente (professor, educador, orientador, pais, amigos, entre outros). São as aprendizagens que ocorrem na ZDP que fazem com que a criança se desenvolva ainda mais, ou seja, desenvolvimento com aprendizagem na ZDP leva a mais desenvolvimento. Por isso dizemos que, para Vygotsky, tais processos são indissociáveis.

Cifras no método de violino

Por quê? Que significa isso?
RESPOSTA: também fiquei assustado quando percebi os grandes aliados que temos e que, na grande maioria das vezes, não sabemos aproveitá-los em nosso benefício, que é o violão, o teclado, o piano, o acordeom e outros que utilizam cifras.

Pois bem, a maior dificuldade que temos com o violino é que ele não está inserido diretamente na nossa cultura, nos nossos costumes, no dia a dia e no nosso lazer. Juntamente com o método Psicologia do desenvolvimento, e através das cifras, foi criado um ambiente de amizade e aproximação com nossos melhores e grandes parceiros musicais. Assim, os alunos de violino, que antes eram discriminados das rodas de música, dos encontros musicais, das festas e dos shows, agora podem começar os primeiros passos trabalhando e desenvolvendo a percepção e escutando vários sons, ao mesmo tempo em que podem desenvolver a percepção harmônica.

Não é necessário, nem obrigatório ao educador musical saber tocar violão, piano, teclado, acordeom etc. É opcional e sugestivo. A ideia é aproximá-los de pessoas que tocam um desses instrumentos ou outros que utilizam cifras como, por exemplo:
TENHO UM AMIGO(A) NA ESCOLA QUE TOCA VIOLÃO.
TENHO UM PRIMO(A) QUE TOCA TECLADO.
TENHO UM AMIGO(A) NA EMPRESA QUE TOCA ACORDEOM.
E assim cada um vai com a sua realidade.
BOA SORTE E SUCESSO A VOCÊ QUE AMA E APRECIA A MÚSICA!

Psicologia do Desenvolvimento

A experiência nos leva a acreditar que todas as pessoas têm potenciais a serem desenvolvidos. Portanto, o educador deve estar atento a essas pulsões. Dar aula para

---
1 Sigismund Freud (1856-1939), médico Austríaco especializado em Neurologia, responsável pela concepção da Psicanálise.
2 Lev Semenovitch Vygotsky (1896-1934), foi um psicólogo e pensador bielo-russo, pioneiro na noção de que o desenvolvimento intelectual das crianças ocorre em função das interações sociais e condições de vida.

o desenvolvimento com qualidade e excelência exige muita experiência pedagógica porque:

o educador não pode sufocar o aluno com seu conhecimento;

não pode deixar seu ego prevalecer, pois a aula não é uma arena, a sala não é um palco e o aluno não é plateia;

a confiança, a amizade e o respeito do aluno são fundamentais;

o educador não pode desmotivá-lo por qualquer que seja o motivo;

o educador deve superar limites e nunca pensar que é autossuficiente;

o educador deve ter sempre a sensação que faltou alguma coisa;

o educador deve pesquisar muito, ler, criar repertório e estar aberto a novas propostas e não ser preconceituoso;

o aluno, por sua vez, deve estar motivado para aprender;

o aluno tem que ser participativo;

o aluno deve cooperar;

o aluno deve colaborar;

o aluno não pode faltar as aulas.

Devido à experiência de muitos anos, sinto-me seguro e preparado para apresentar os ensinamentos deste método e seu efeito positivo em alunos iniciantes.

Por que psicologia do desenvolvimento?

Tudo na vida tem um segredo. E o segredo do homem e da mulher (criança, adolescente, jovem, adulto ou idoso) está na alma, ou seja, no coração. Seus desejos, suas ansiedades, seus medos e realizações estão lá. E o nosso trabalho será iniciado a partir desse ponto.

Realizar desejos, administrar ansiedades, reduzir medos, transformar sonhos em realidade... Todo esse conjunto é a proposta deste método.

DESEJOS: o iniciante do curso de violino ou outro instrumento tem dentro si uma força, ou seja, um desejo que o impulsiona até a escola, a sala de aula ou até mesmo direto com o professor para adquirir informação sobre música. Esse iniciante, aluno ou aluna, quer aprender a tocar músicas. E quer aprender a tocar bem!

ANSIEDADES: pode-se afirmar que são as famosas perguntas: É difícil? Quanto tempo vai levar para que eu possa tocar a primeira música? Quanto tempo para atingir a sonoridade agradável? E a afinação? E os ruídos? E a técnica? São muitas as perguntas.

MEDOS: Será que vou conseguir? Não conheço ninguém que toque esse instrumento! Já ouvi dizer que não é para todos! É verdade que quem é já nasce pronto? A pessoa tem que ter ouvido absoluto? A pessoa tem que estudar o dia inteiro? É verdade que a maioria desiste logo no começo? E assim vai... São muitos os medos.

Realizações:

Eu queria tanto tocar uma música no Natal.

Eu queria tanto tocar uma música em um aniversário.

Eu queria tanto tocar uma música em homenagem a alguém.

Eu queria tanto tocar uma música no casamento de alguém.

Eu queria tanto tocar uma música para alguém especial.

Eu queria tanto tocar ao menos uma música...

O educador musical precisa estar atento a tudo isso e trabalhar em cima de cada necessidade. De que forma? Eliminando os medos, administrando as ansiedades, realizando os desejos e transformando sonhos em realidades.

Não é possível, nem podemos admitir a ideia de que todos almejam o profissionalismo, a perfeição, que não se pode errar, não se pode desafinar etc. É bem verdade que não estudamos o erro. A escola é para solucionar problemas, identificar causas e dar soluções.

QUEM É O BOM MÉDICO? É O QUE CURA DOENÇAS.

QUEM É O BOM PROFESSOR DE MÚSICA? É O QUE ENSINA A TOCAR.

Essa é a proposta deste método. E sabe qual é a resposta para o segredo? Para a cura? Para a solução? É a que está dentro de você.

A medicina, por exemplo, trabalha dessa forma quando realiza inúmeras pesquisas sobre a célula-tronco, quando busca formas para evitar rejeição de órgãos transplantados. Na música, qual o melhor repertório para tocar ou estudar? É o que está dentro de você, o que está no DNA da sua família, dos seus amigos, dos parentes. Esse é o melhor repertório para você começar.

Compare este método com outros para iniciantes e observe qual mais se parece com você. Você descobrirá seu DNA, sua célula-tronco, o segredo, a solução, a cura. Descobrirá o sucesso do seu aprendizado.

Indicações de arco[3]

⊓ Talão ou qualquer região do arco para baixo.

V Ponta ou qualquer região do arco para cima.

T.A = Todo o arco / arco inteiro.
M.S = Metade superior (região da ponta do arco até o meio).
M.I = Metade inferior (região do talão até o meio do arco).

Importante: a maioria das músicas foi adaptada e transcrita para se adequar à realidade do violinista iniciante.

---

[3] Todas as indicações de arco e regiões do arco são sugestões dadas pelo autor. O educador pode elaborar outras arcadas, de acordo com a técnica de arco utilizada pela escola que estudou.

Posicionamento do arco:

Afinação do violino:

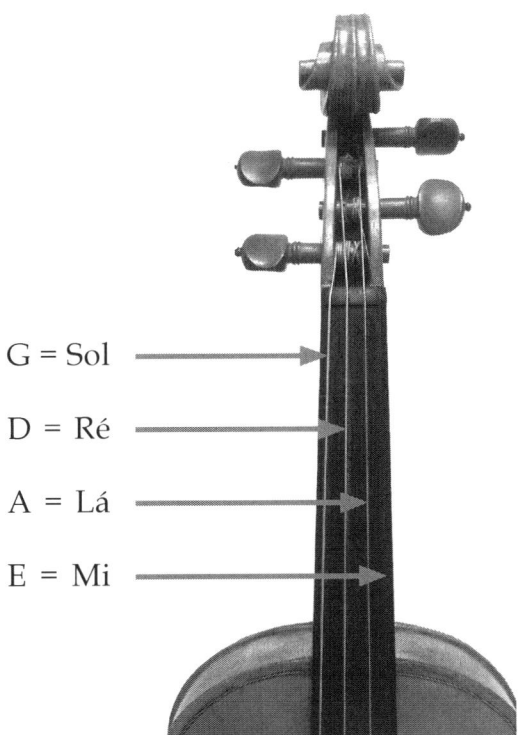

G = Sol
D = Ré
A = Lá
E = Mi

Posicionamento da mão:

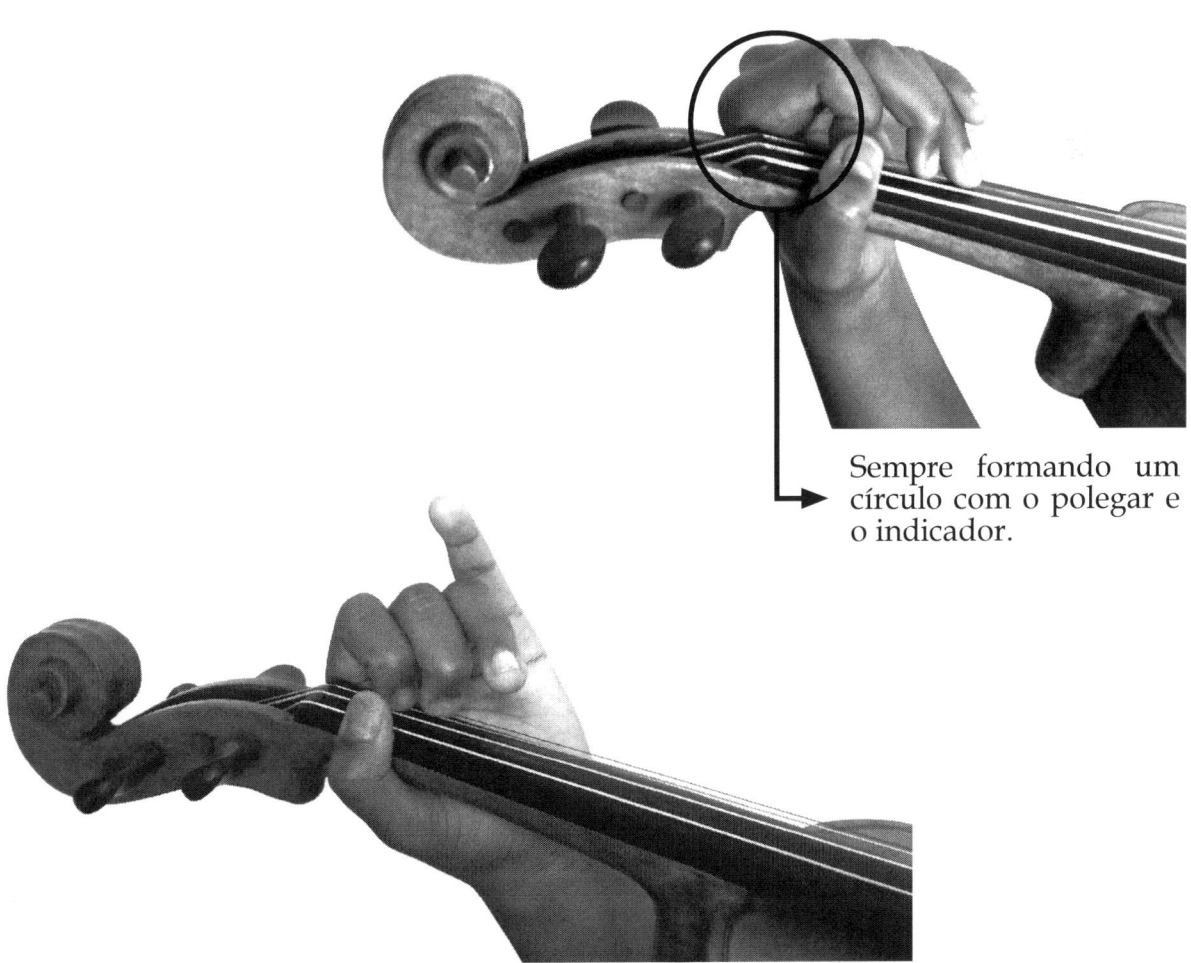

Sempre formando um círculo com o polegar e o indicador.

Estudos e Músicas

ESTUDO 1

Muito importante na técnica do arco aprender a dominá-lo em várias velocidades. 1a corda = corda M.I.

ESTUDO 2

Corda Lá = 2a corda. Atenção! Para semibreve, mínima e semínima, utilizar todo o arco = T.A; notas de menor duração, utilizar metade superior = M.S; e metade inferior = M.I.

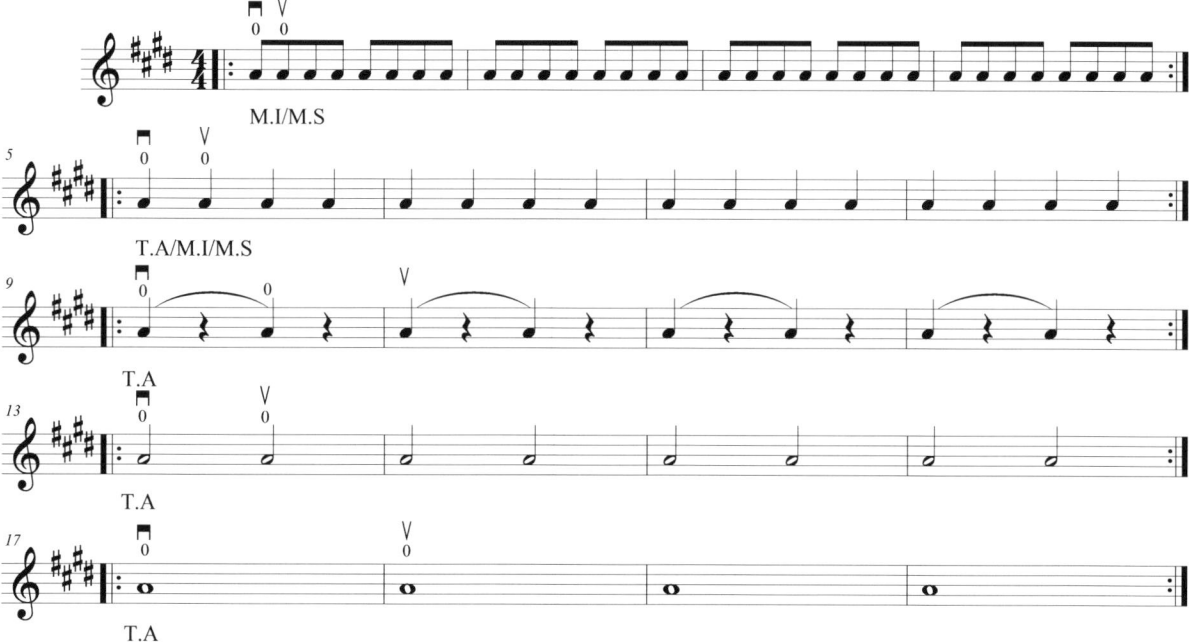

ESTUDO 3

Corda Mi = 1a corda. Agora, você vai aprender a colocar os dedos na corda. Não se esqueça que, para semibreve, mínima e semínima, você deve utilizar todo arco (T.A), notas de menor duração (M.I / M.S).

ESTUDO 4

Corda Lá = 2a corda. Agora, você vai aprender a colocar os dedos na corda. Observação: importante também que o aluno desenvolva velocidade e técnica para a mão esquerda. Ex.: (A, B, C, D, E).

ESTUDO 5

Corda Lá e corda Mi = 1a e 2a cordas. Com as duas cordas sendo utilizadas, formaremos a 1a escala no violino: Lá Maior.

- **Música 1:** Frère Jacques (folclore francês).
   Atenção às observações no rodapé das partituras.

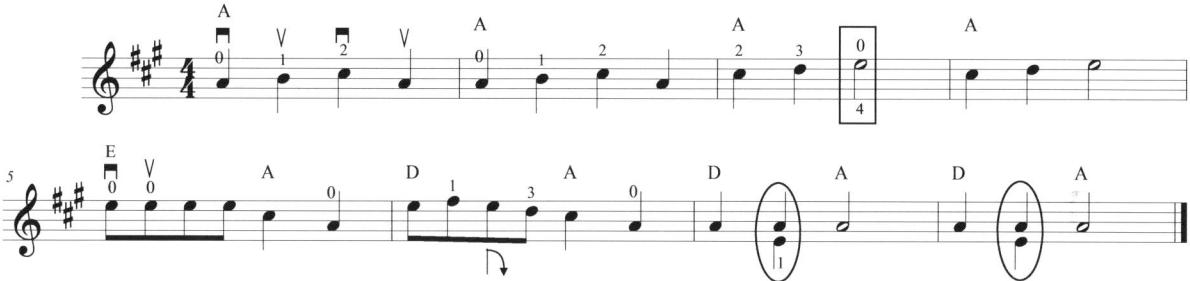

*Sempre que forem encontrados dois números indicando o dedilhado em uma mesma nota, o aluno iniciante e o educador musical devem escolher o melhor dedilhado.

- **Música 2:** Jingle bells (música natalina) (J. Pierpont)

- **Música 3:** Ode à alegria da Nona sinfonia (Ludwig van Beethoven)

*Quando forem encontradas duas notas com circulo faça a opção juntamente com o educador.

- **Música 4:** Atirei o pau no gato (folclore brasileiro)

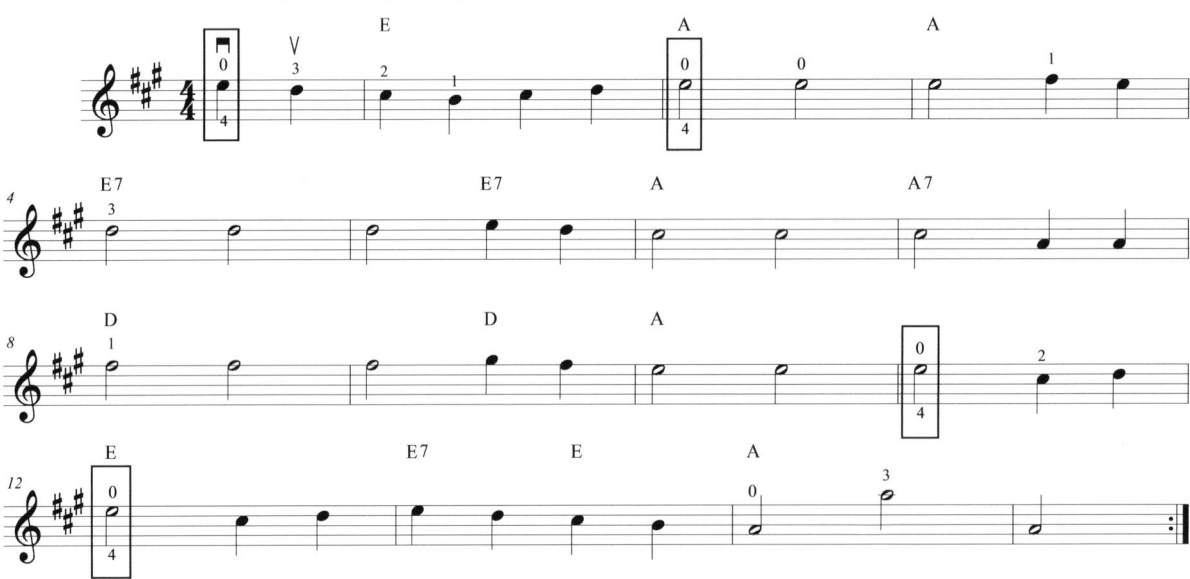

*Quando forem encontradas duas notas com círculo faça a opção juntamente com o educador.

- **Música 5:** Marcha, soldado (folclore brasileiro)

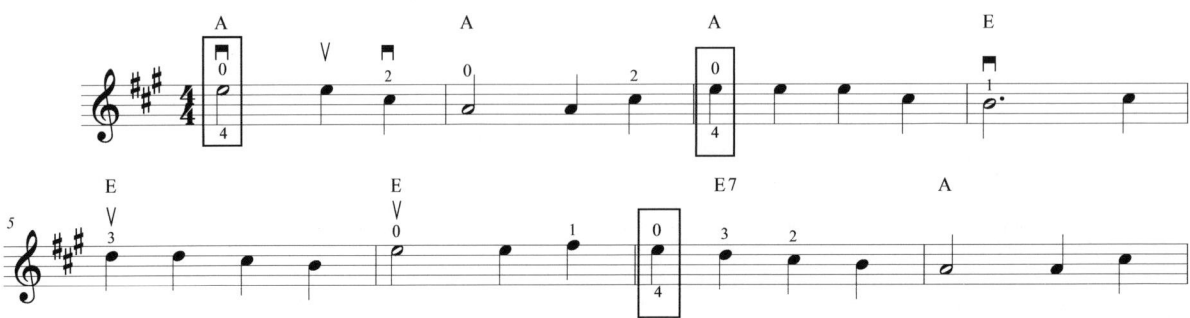

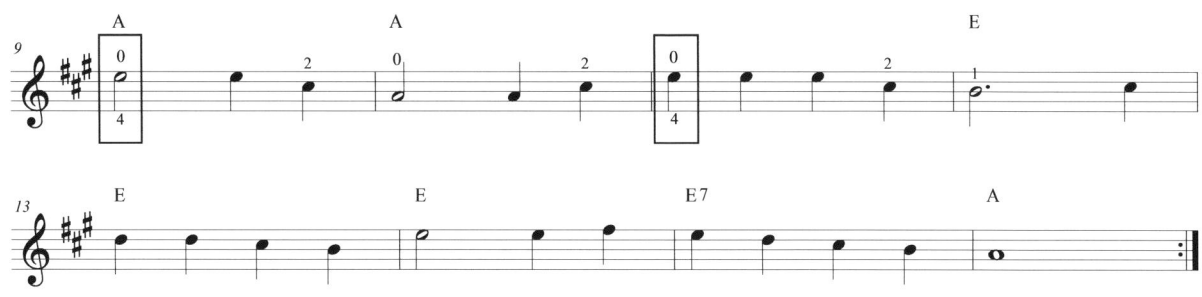

• **Música 6:** Ciranda, cirandinha (cantiga de roda)

• **Música 7:** Can-can (Jacques Offenbach)

• **Música 8:** Cai, cai, balão (folclore brasileiro)

Obs.: este é um método de memorização. Normalmente, os alunos possuem esse repertório dentro de si. É fundamental que o professor, orientador, ou quem estiver conduzindo o aluno, peça para tocar as músicas nas outras cordas. O resultado será surpreendente.

ESTUDO 6

Exercícios técnicos para dominar melhor o arco, específicos para as músicas nos 1, 2 e 6. Podem ser utilizados como solfejo rítmico (Pozzoli) ou como técnica de arco (Sévcik).

- **Exercício 1:** Específico para a música 1 (Frère Jacques)

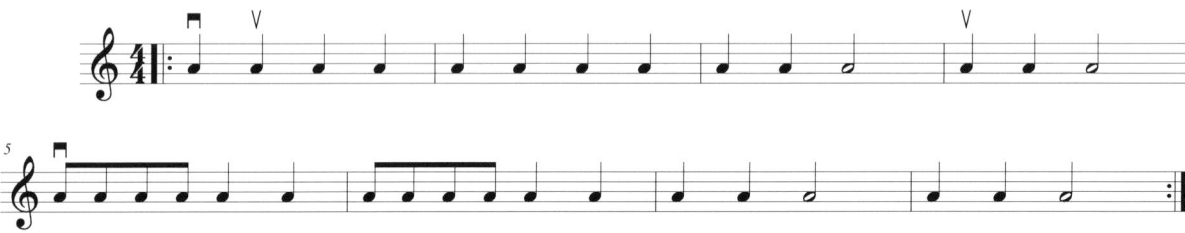

- **Exercício 2:** Específico para a música 2 (Jingle Bells)

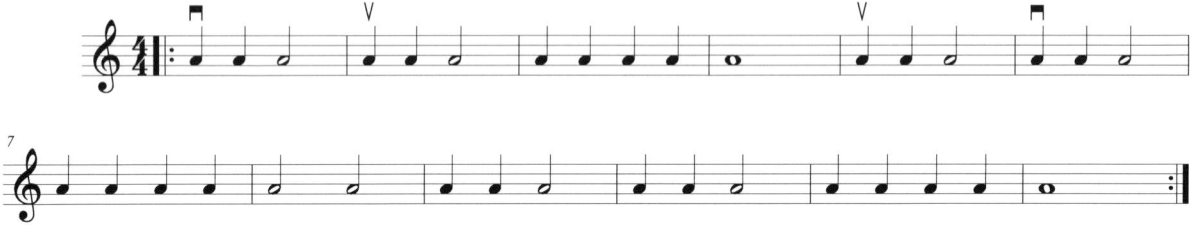

- **Exercício 3:** Específico para a música 6 (Ciranda, cirandinha)

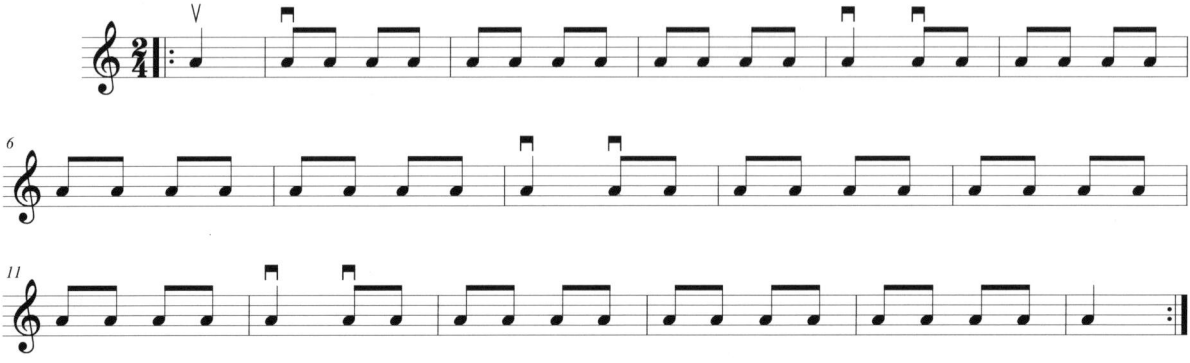

ESTUDO 7

Corda Ré = 3a corda.

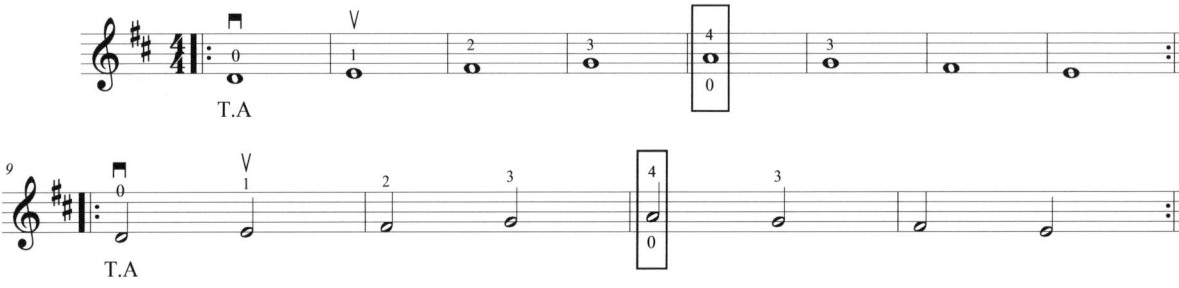

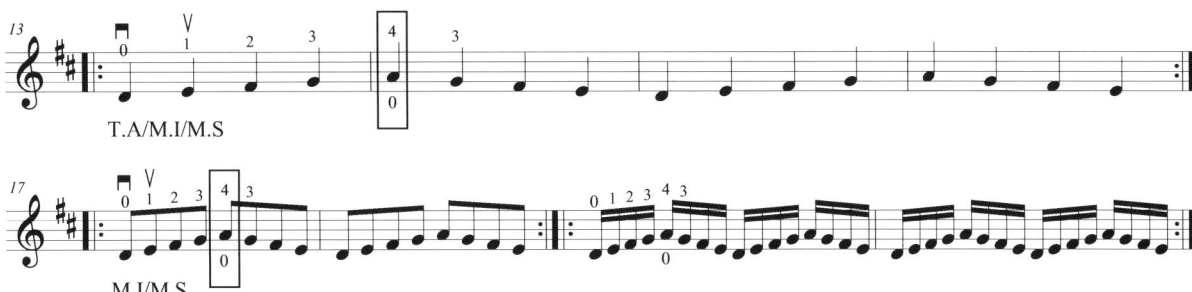

ESTUDO 8

Corda Ré e corda Lá = 2a e 3a cordas juntas. Formaremos a 2a escala: Ré Maior.

• **Música 9:** Oh! Suzana (folclore americano)

- **Música 10:** Terezinha de Jesus (folclore brasileiro)

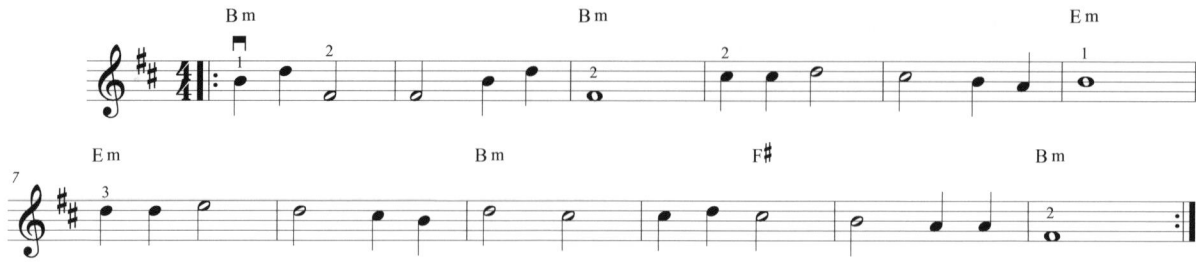

- **Música 11:** O cravo brigou com a rosa (folclore brasileiro)

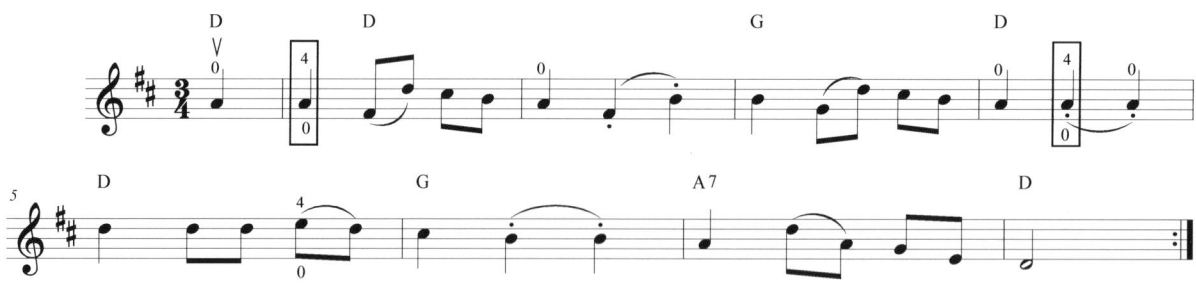

- **Música 12:** Primavera (Antonio Vivaldi)

ESTUDO 9

Com o 1o dedo e o 2o dedo juntos nas cordas Lá e Mi, você formará mais uma escala no violino: a escala de Sol Maior.

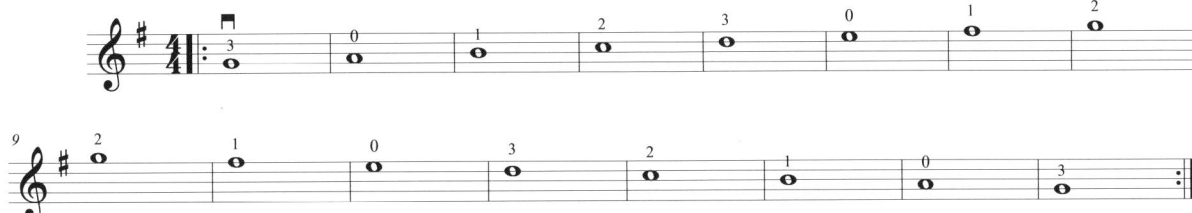

ESTUDO 10

Com a escala de Sol Maior, que começa na corda Sol, e a escala de Sol Maior, que começa na corda Ré, você formará a 1a escala em duas oitavas no violino.

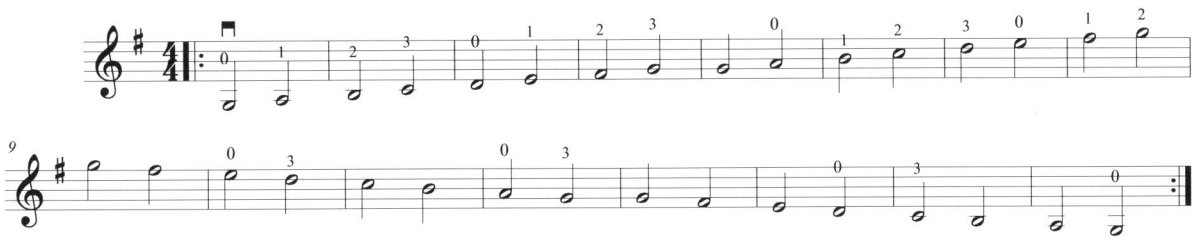

- **Música 13:** O Guarani (A. Carlos Gomes)

- **Música 14:** Für Elise (Ludwig van Beethoven)

- **Música 15:** O lago dos cisnes (Tchaikovsky)

▪ **Música 16:** Jesus alegria dos homens (J. S. Bach)

▪ **Música 17:** Concerto em Sol Maior (*alla rustica*) (Antonio Vivaldi)

▪ **Música 18:** Mulher rendeira (folclore brasileiro)

▪ **Música 19:** Canon em Ré Maior (Johann Pachelbel)

• **Música 20:** Serenata noturna (W. A. Mozart)

ESTUDO 11

Com o 1o dedo e o 2o dedo juntos nas cordas Lá e Ré, você formará mais uma escala: Dó Maior.

- **Música 21:** Marcha nupcial (Mendelssohn)

O autor

Marcelo Cardozo iniciou os estudos musicais ainda na adolescência, ingressando na Escola Municipal de Música de São Paulo para estudar violino com a professora Cecília Guida. Anos mais tarde estudou também viola com o professor Henrique Müller. Na mesma instituição, teve a oportunidade de estudar com grandes professores, entre eles Eduardo Gramanni, Geza Kisley, Mario Záccaro, Naomi Munakata, Gretchen Miller e Débora Gurgel.

Em 2009 participou do curso "Filosofia Suzuki (Toda criança é capaz)" ministrado pela professora Shinobu Saito, e em 2010, aprofundou seus estudos em didática assistindo ao workshop "A Natureza da experiência musical e o papel dos educadores" com o professor Keith Swanwick.

Profissionalmente, participou de diferentes grupos de câmara e realizou gravações nas emissoras Rede Record e SBT, além de diversas participações em festivais de música.

Como professor, Marcelo Cardozo lecionou durante alguns anos no Projeto Guri, e atualmente é professor do Instituto Musical Nezo, além de ministrar aulas particulares de violino e viola.